Heike Wiechmann

Pferdegeschichten

Zeichnungen von der Autorin

www.leseleiter.de

FSC

Mix
Produktgruppe aus vorbildlich
bewirtschafteten Wäldern und
anderen kontrollierten Herkünften

Zert.-Nr. IC-COC-100059
www.fsc.org
© 1996 Forest Stewardship Council

ISBN 978-3-7855-6779-1
1. Auflage 2010
© 2010 Loewe Verlag GmbH, Bindlach
Umschlagillustration: Heike Wiechmann
Reihenlogo: Angelika Stubner
Printed in Germany (017)

www.loewe-verlag.de

Inhalt

Ein Pferd auf heißer Spur

Lena führt Ferdi und Flora am Halfter vor dem Forsthaus auf und ab. „Hallo, Sofie, da bist du ja endlich!", ruft sie ihrer Freundin entgegen. „Wir wollten doch um elf los."

„Tut mir leid. Der Weg durch den Wald ist total verschneit. Ich musste mein Rad schieben", stöhnt Sofie. „Hallo, Ferdi." Sie gibt ihrem Pflegepferd einen Kuss auf die Nase.

„Ich packe noch ein Leckerli für die beiden ein", sagt Lena und hält ihrer Freundin die Zügel hin. Sie holt ein paar Möhren und wickelt sie in eine Zeitung.

„Sag mal, hast du das mitbekommen?" Lena tippt auf ein Zeitungsblatt und liest: „Eine Woche nach dem Einbruch in Ottos Grillbude, bei dem zweitausend Euro und achtzig Würstchen gestohlen wurden, hat der Imbiss noch nicht wieder geöffnet. Die Polizei vermutet, dass der Täter sich weiterhin in der Gegend aufhält."

„Oh nein!" Sofie schaut ihre Freundin fragend an. „Und da wollen wir wirklich in den Wald?"

„Wieso nicht?" Lena lacht. „Oder glaubst du, der Kerl lauert hinter einem Baum – bei der Kälte?" Grinsend sitzt Sofie auf.

In ruhigem Schritt reiten Lena und Sofie durch den Winterwald. Der Atem der Pferde dampft in der Luft.

„Irre schön", seufzt Sofie und wuschelt den Schnee aus Ferdis Mähne.

„Wollen wir Verstecken spielen?", fragt Lena. Ihre Freundin nickt.

„Du zuerst." Lena hält sich die Augen zu. „Eins, zwei, drei ..."

Sofie schaut sich um. Sie braucht ein super Versteck, denn Lena kennt den Wald fast so gut wie ihr Vater, der Förster ist.

Schnell reitet Sofie zum alten Hochsitz. Hier haben die Forstarbeiter am Morgen Bäume gefällt.

„Auf dem zerwühlten Boden findet Lena Ferdis Spuren bestimmt nicht", denkt sie zufrieden. Sie rutscht aus dem Sattel und führt Ferdi hinter ein paar aufgeschichtete Stämme.

„Still, Dicker, sie kommen schon!" Sofie geht in die Hocke und nimmt die Zügel kurz. Brav senkt Ferdi den Kopf.

„Halt, Flora." Lenas Stimme klingt ganz nah! Sofie lauscht.

„Komm, hier sind sie nicht", hört sie Lena schließlich murmeln. Sofie kichert in sich hinein. Gewonnen!

Plötzlich schnaubt Ferdi und zieht am Zügel.

„Psst", zischt Sofie.

Zu spät! Lena reckt den Kopf über den Holzstapel. „Gefunden – in Rekordzeit!"

„Ferdinand, du Spielverderber", schmollt Sofie und rappelt sich auf. „Was gibt's denn da zu schnuppern?"

Auf dem Schnee liegt eine zerknüllte Serviette.

„Bäh!" Sofie zieht Ferdi zu sich heran. Auf einmal hält sie inne. Mit zwei Fingern hebt sie die Serviette auf. „Schau mal, die ist von Würstchen-Ottos Imbiss."

„Na und?" Lena zuckt mit den Schultern.

„Kapierst du nicht?", raunt Sofie und hält das verschmierte Papier höher. „Der Imbiss ist seit dem Überfall geschlossen."

Lena reißt die Augen auf. „Du meinst ..."

„Genau. Der Einbrecher hat die Serviette verloren", wispert Sofie. „Sonst wäre sie längst zugeschneit."

Lena greift ihre Freundin am Arm. „Dort! Fußspuren!", flüstert sie aufgeregt und zeigt zum Hochsitz. „Hier war jemand. Oder – er ist noch hier."

Die Mädchen blicken sich erschrocken an. Nichts wie weg hier! Im Galopp preschen die beiden zurück zum Forsthof.

Lenas Vater verständigt die Polizei. „Sie melden sich, wenn sie etwas herausgefunden haben", sagt er und geht ins Haus zurück.

Die Mädchen satteln ab und striegeln die Pferde. Dann setzen sie sich auf den Boxenrand und warten.

„Ich platze vor Neugier", seufzt Sofie und malt mit dem Finger Striche in Ferdis Fell.

Lena blickt aus dem Stallfenster. Plötzlich springt sie auf. „Da kommt ein Polizeiwagen!"

Die Freundinnen rennen auf den Hof.

„Haben Sie den Dieb?", ruft Lena.

„Immer der Reihe nach", lacht der Polizist und geht mit den Mädchen zu Lenas Vater in die Küche. Dort erzählt er: „Auf dem Hochsitz lag die Geldkassette aus dem Imbiss. Und eine Sporttasche voll von wertvollem Schmuck."

„Donnerwetter!", staunt Lenas Vater.

Der Beamte macht ein wichtiges Gesicht. „Wir haben uns auf die Lauer gelegt. Nach einer Stunde kam ein Mann. Als er auf die Leiter stieg, haben wir sofort zugegriffen."

„Und?", drängelt Sofie.

„Volltreffer! Es ist der Serientäter, den wir seit Monaten suchen."

„Gut, dass ihr zwei so aufmerksam wart." Lenas Vater legt die Arme um die Mädchen.

„Und Ferdi", sagt Sofie stolz. „Er hat die Serviette gefunden."

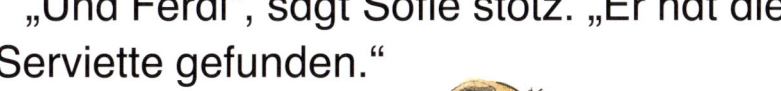

„Ist Ferdi dein Pferd?" Der Polizist zwinkert. „Dann herzlichen Glückwunsch euch dreien. Würstchen-Otto hat eine tolle Belohnung ausgesetzt: Wer den Einbruch in seinen Imbiss aufklärt, darf einen Monat umsonst dort essen."

„Echt?" Lena leckt sich die Lippen. „Ich futtere Pommes, bis ich platze. Mit riesig viel Ketchup."

Sofie kichert. „Hoffentlich gibt es bei Otto auch Möhren. Die mag Ferdi nämlich lieber."

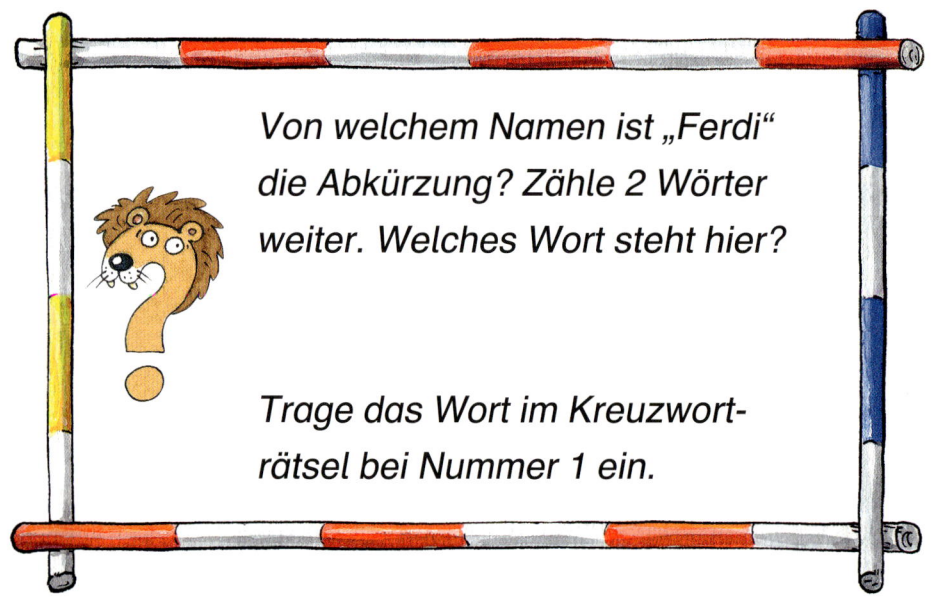

Von welchem Namen ist „Ferdi" die Abkürzung? Zähle 2 Wörter weiter. Welches Wort steht hier?

Trage das Wort im Kreuzworträtsel bei Nummer 1 ein.

Der Ausreißer

„Einmal die Woche reiten ist viel zu wenig", sagt Ada jedes Mal, wenn ihre Mutter sie von der Reitstunde abholt. „Ich möchte endlich ein eigenes Pferd."

„Soll es etwa auf dem Balkon stehen?", fragt Mama. „Später, wenn wir umgezogen sind, ist vielleicht Platz für ein Pferd."

Ada wartet. Und wartet.

Schließlich finden ihre Eltern das Haus auf dem Land, von dem sie schon so lange träumen. Wie ein Traumhaus sieht es nicht aus, findet Ada. Im Flur riecht es muffig und die Tapeten sind fleckig. Trotzdem ist Ada zufrieden: Die riesige Wiese hinterm Haus ist genau richtig für ein Pferd.

Am Abend nach dem Umzug sitzt Ada mit ihren Eltern in der neuen Küche und isst Kartoffelsalat. „Wann kaufen wir mein Pferd?", fragt sie.

„Später", stöhnt Mama und zeigt auf die Kartons, die sich bis unter die Decke stapeln.

„Immer späterspäterspäter", mault Ada.

„Versteh doch", sagt Papa. „Wir müssen das Dach neu decken lassen, das Bad renovieren und im ganzen Haus Teppich verlegen. Das kostet alles viel Geld."

„Mehr Geld als ein Pferd!", knurrt Ada und rennt in den Garten. Wozu kaufen ihre Eltern ein altes Bauernhaus, wenn sie nicht einmal ein Pferd haben darf?

Wieder wartet Ada. Mama putzt, räumt und streicht Wände. Papa schraubt, hämmert und gräbt im Garten.

Zwei Wochen später, als Ada gerade beim Frühstück sitzt, trabt ein braunes Pferd die Auffahrt hinauf.

„Zieh dir was über", sagt Mama, aber da ist Ada schon zur Tür hinaus.

Das Pferd trottet zum alten Stall, in dem jetzt das Auto parkt.

Ada rupft einen Apfel vom Baum. „Wo kommst denn du her?", flüstert sie und geht langsam auf das Pferd zu.

Der Braune stellt die Ohren auf. Ein heller Fleck blitzt unter seiner schwarzen Mähne.

Ada streckt die Hand aus. Samtene Pferdelippen kitzeln ihre Handfläche und der Apfel verschwindet im Pferdemaul.

Mama steht am Küchenfenster. „Es läuft sicher bald heim", ruft sie.

Aber am Mittag ist das Pferd immer noch da. Friedlich grast es unter den Obstbäumen.

„Mama, bitte, es kann doch im Stall wohnen", sagt Ada. „Es hat bestimmt ein schlechtes Zuhause, sonst wäre es nicht weggelaufen."

Aber Adas Mutter schüttelt den Kopf. „Wir fragen im Dorf", sagt sie entschieden und holt eine Wäscheleine. „Irgendjemand wird schon wissen, wem das Pferd gehört."

Ada knotet seufzend die Leine an das Halfter. „Komm, Brauner", sagt sie traurig.

Sie fragen in jedem Haus.

„Ich glaube, der ist vom Krögerhof", meint ein Mann, der seinen Rasen mäht.

Adas Mutter telefoniert. „Kein Problem, wir bringen ihn vorbei", sagt sie und steckt das Handy wieder ein. „Dann können wir gleich sehen, dass das Pferd es bei Herrn Kröger gut hat", sagt sie zu Ada. „Es heißt übrigens Banjo."

Sie machen sich auf den Weg. Banjos Hufe klappern auf dem Asphalt.

„Würde Banjo doch nur mir gehören ...", denkt Ada.

Der Krögerhof liegt an der Landstraße. Ein langer Stall aus Wellblech steht neben dem Bauernhaus. „Urlaub auf dem Bauernhof", liest Ada auf einem Schild.

Banjo tänzelt unruhig hin und her. „Schau mal, er freut sich auf zu Hause", sagt Mama.

Ein dicker Mann kommt auf sie zu.

„Hallo, Herr Kröger, hier ist der Ausreißer!", ruft Mama.

Herrn Krögers roter Kopf glänzt. Ohne zu grüßen, nimmt er Ada die Leine aus der Hand. „Der Gaul entwischt mir nicht noch mal!", schimpft er.

„Ist er schon öfter weggelaufen?", fragt Mama. Das Lächeln ist aus ihrem Gesicht verschwunden.

„Zehnmal mindestens", poltert Kröger. „Dabei habe ich ihn nur aus Mitleid genommen, als der alte Edwin ins Pflegeheim gekommen ist. Für die Feriengäste."

„Edwin?", flüstert Ada. „Ist das der Mann, der früher in unserem Haus gewohnt hat?" Mama nickt.

Grob zieht der Bauer am Strick. Banjo stemmt alle vier Hufe in den Boden.

Der Bauer hebt einen Weidenzweig von der Erde auf und holt aus.

„Das können Sie nicht machen!", ruft Ada erschrocken.

Das Pferd bäumt sich auf, als die Rute auf sein Hinterteil niedersaust. Dann dreht es sich blitzschnell um und beißt Kröger in die Hand. Mit einem Schrei lässt der Bauer den Führstrick los. Wiehernd rast Banjo davon.

„Zum Pferdeschlachter geben sollte man das Vieh!", flucht Kröger und wickelt seine Hand in ein Taschentuch.

Mama holt tief Luft. Dann sagt sie ruhig: „Wir würden Banjo gerne kaufen, Herr Kröger. Was kostet das Pferd?"

„Kaufen?" Der Bauer reibt sich die Hand. „Geschenkt können Sie den haben. Aber einfangen müssen Sie ihn selbst."

„Nicht nötig", sagt Adas Mutter und wendet sich um. „Banjo ist sicher schon vorgelaufen."

Und Ada fügt selig hinzu: „Nach Hause!"

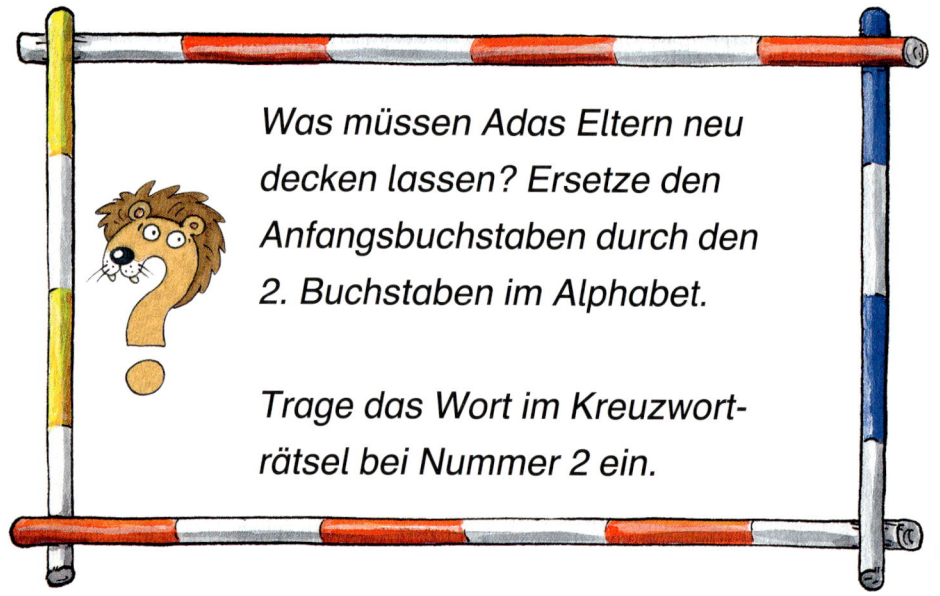

Was müssen Adas Eltern neu decken lassen? Ersetze den Anfangsbuchstaben durch den 2. Buchstaben im Alphabet.

Trage das Wort im Kreuzworträtsel bei Nummer 2 ein.

Wer hätte das gedacht?

Frau Dierksen, die Deutschlehrerin der 4b, hält ein Plakat hoch. „Wir nehmen an diesem Schreibwettbewerb teil", verkündet sie.

„Gibt es was zu gewinnen?", ruft Lasse neugierig.

„Eine Menge", sagt Frau Dierksen. „Aber erst mal gibt es was zu tun. Schreibt bitte alle einen Aufsatz zum Thema Sport."

Lasse stöhnt. Im Fußball ist er super. Nur nicht in Deutsch.

„Ich schreibe übers Reiten", meldet sich Marieke.

„Ich auch!", ruft Jana.

„Reiten – wie öde", schnauft Lasse. Immer diese Mädchen mit ihrem blöden Pferdefimmel!

„Pöh!", macht Marieke. „Was weißt denn du über Pferde?"

„Sie sind dumm und stinken", lästert Lasse.

Frau Dierksen klopft mit dem Finger auf den Tisch. „Lasse, möchtest du auch übers Reiten schreiben, wenn du so viel davon verstehst?"

„Das traut er sich nie", kichert Marieke.

Lasse läuft rot an. „Klar mache ich das!"

Doch schon in der nächsten Pause
bereut Lasse seine Entscheidung. „Das
war echt ein Eigentor!" Wütend kickt er
einen Stein über den Schulhof. „Reiten!
Gäule! Was gibt's darüber schon zu
schreiben?"

„Musst du Marieke fragen", sagt Jonas.
„Die ist ständig auf dem Reiterhof."

„Oder selber reiten lernen", ruft Malte.
„Der Freund meiner Mutter ist Reitlehrer."

„Noch was?" Lasse tippt sich an die Stirn.
Doch etwas Besseres fällt ihm nicht ein.

Und so steht Lasse zwei Tage später tatsächlich zum ersten Mal in einer Reithalle. Der schwarze Helm und die Reitstiefel sind viel unbequemer als seine Fußballsachen.

Reitlehrer Hannes führt ein braunes Pferd in die Bahn.

„Ist das groß", murmelt Lasse.

„Polly ist brav", sagt Hannes beruhigend.

Vorsichtig streicht Lasse über die weiche Pferdenase.

„Linken Fuß in den Steigbügel", erklärt Hannes. „Hier festhalten und hochziehen."

Erst beim dritten Versuch gelingt es Lasse, das rechte Bein über den Pferderücken zu schwingen.

Hannes hakt einen langen Gurt am Zaumzeug fest. „Polly, Schritt!", ruft er.

Polly trottet im Kreis um den Reitlehrer herum. Sanft wippt Lasse auf und nieder. Er blickt sich um. Hinten in der Halle reitet eine Gruppe Mädchen. Marieke ist auch dabei.

„Alles okay?", fragt Hannes nach ein
paar Runden.

„Klar", meint Lasse lässig. „Reiten ist voll
einfach."

„Ach ja?" Hannes schnalzt mit der Zunge.
Polly wirft den Kopf hoch und trabt an.

„He-wa-rum-rüt-telt-das-so?" Lasses
Füße gleiten aus den Steigbügeln. „Hilfe,
ich falle!"

„Brrrrr!", ruft Hannes. Mit einem Ruck
bleibt Polly stehen.

Unsanft plumpst Lasse in den Sand.
Polly schnuppert interessiert an ihm.

„Doch nicht so einfach, oder?", fragt der Reitlehrer lächelnd.

Mit zusammengebissenen Zähnen klettert Lasse wieder in den Sattel.

„Halte dich an der Mähne fest", sagt Hannes. „Trab, Polly!"

Wieder wird Lasse durchgeschüttelt. Er krallt die Finger in die Pferdehaare. Was soll am Reiten bloß so toll sein?

„Jetzt hoch mit dem Po! Und runter!", kommandiert Hannes.

„Dann falle ich!" Lasse schüttelt den Kopf.

„Trau dich!", ruft jemand. Am Rand steht Marieke und reckt den Daumen in die Luft.

Lasse atmet tief durch und drückt sich im Rhythmus aus dem Sattel. „Hoch – runter – hoch – runter", denkt er. Marieke soll bloß nicht glauben, dass er feige ist.

Auf einmal spürt Lasse, wie seine und Pollys Bewegungen eins werden. Das fühlt sich richtig toll an.

„Jetzt klappt's!", ruft er aufgeregt.

So langsam fängt das Reiten an, ihm Spaß zu machen. Am Ende der Stunde rutscht Lasse glücklich und verschwitzt vom Pferd.

„Nicht schlecht", sagt Marieke.

„Es war klasse!", seufzt Lasse und krault Pollys Kinn. „Egal, ob der Aufsatz was wird oder nicht."

Hannes lacht. „Polly, ich glaube, Lasse hat heute viel von dir gelernt."

Nach den Osterferien zieht Frau Dierksen einen Brief aus der Tasche. „Der Schreibwettbewerb ist entschieden. Der beste Aufsatz kommt aus unserer Klasse. Gewonnen hat ...", Frau Dierksen schaut in die gespannten Gesichter, „... Lasse Schubert!"

„Ich?" Lasse kann es kaum glauben. „W–was habe ich denn gewonnen?"

„Etwas ganz Besonderes", sagt Frau Dierksen. „Es ist ein Preis für uns alle: eine Klassenfahrt."

„Super!", jubelt Marieke.

„Und wohin fahren wir?", ruft Jonas.

„Es gibt drei mögliche Ziele", erklärt Frau Dierksen. „Und der Gewinner darf entscheiden." Sie reicht Lasse den Brief.

In der 4b wird es still.

Lasse liest. „Erstens: Helgoland. Zweitens: Berlin. Drittens ..." Lasse starrt auf den Brief. Dann grinst er breit. „Berlin und Helgoland sind super. Aber für einen Pferdefan wie mich kommt nur drittens infrage: Wir fahren auf einen Reiterhof!"

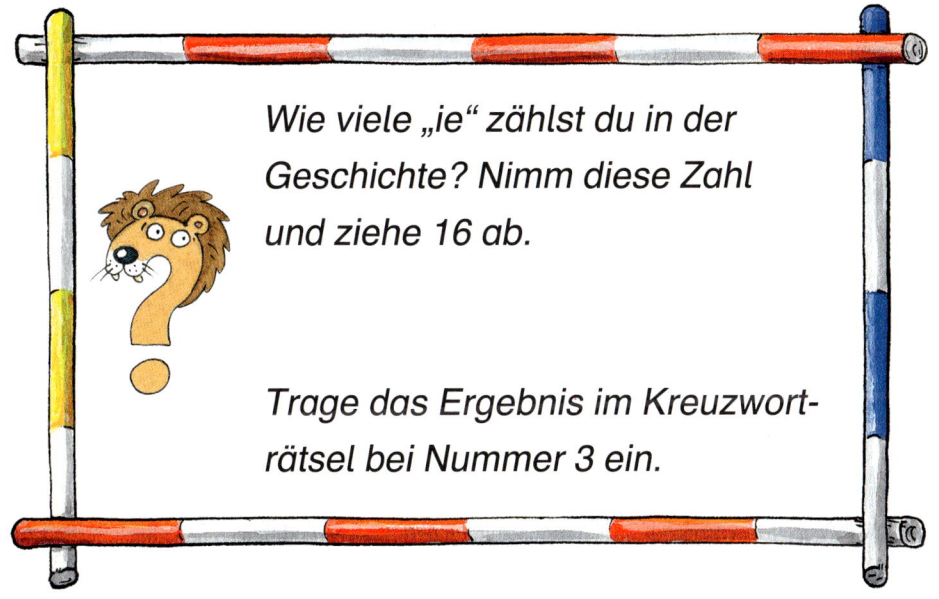

Wie viele „ie" zählst du in der Geschichte? Nimm diese Zahl und ziehe 16 ab.

Trage das Ergebnis im Kreuzworträtsel bei Nummer 3 ein.

Vorsicht, Sonnenbrand!

„Ich schlafe hier!", ruft Finja und wuchtet ihren Koffer aufs Bett. Dann öffnet sie das Fenster des kleinen Gästezimmers und blickt zur Wiese hinüber. Dort steht Rosina, Tante Riekes gepunktetes Pferd.

„Reiten und baden, ich werde die ganzen Ferien nichts anderes machen!", ruft Finja übermütig.

Sanne, Finjas große Schwester, steht in der Tür zum Nebenraum. „Reiten ist doch Kinderkram", murrt sie. „Und was mache ich in dieser Einöde? Mist, dass wir nicht in die Türkei fliegen konnten!"

„Was können Papa und Mama denn
dafür, dass sie keinen Urlaub bekommen
haben?", fragt Finja. „Und immerhin hat
Tante Rieke deinen Martin mit eingeladen."
Finja blickt ins andere Zimmer, wo Sannes
Freund gerade seine T-Shirts in den
Schrank räumt.

„Genau", sagt Sanne und beugt sich vor.
„Deshalb, Schwesterchen: Falls du Angst
vor Gespenstern hast, geh mit Rosina
kuscheln. Keine nächtlichen Besuche in
unserem Zimmer!"

Finja rollt mit den Augen. Wenn es um
ihren Freund geht, ist Sanne eine echte
Zicke. Dabei ist Martin ganz nett.

Als Finja am nächsten Morgen in die
Küche kommt, sitzen Sanne und Martin
schon am Tisch. Sannes Gesicht und
Rücken sind feuerrot.

„Ein erstklassiger Sonnenbrand", sagt
Finja und tippt auf Sannes Schulter. „Du
pellst dich schon."

„Au, lass das! Ich bin gestern in der
Sonne eingeschlafen", jammert ihre
Schwester.

„Da hilft nur eine Quarkauflage. Komm
mal mit!", meint Tante Rieke und
verschwindet mit Sanne im Badezimmer.

„Ich hole Rosina von der Weide", sagt Finja zu Martin. „Kommst du mit?"

Martin nickt und folgt Finja nach draußen.

Sie zeigt ihm gerade, wie er Rosina zum Aufsatteln festbinden muss, als Sanne aus dem Haus kommt.

„Ich habe dich überall gesucht, Martin", klagt sie. „Schau mal, wie ich aussehe."

Auf Sannes Gesicht und ihrem Rücken pappt eine weiße Paste, die mit Kräuterschnipseln gesprenkelt ist.

„Du siehst aus wie Rosina", prustet Finja. „Nur sind deine Punkte grün statt schwarz."

Auch Martin lacht.

Sanne funkelt ihren Freund wütend an. „Du bist ja genauso doof wie meine kleine Schwester!", faucht sie und stapft davon.

„Die ist jetzt erst mal sauer", sagt Finja und dreht sich wieder zu Rosina um. Doch die Stute ist nicht mehr da. Sie hat sich losgerissen und läuft zwischen Tante Riekes Gemüsebeeten herum.

Martin hebt den Strick vom Boden auf. „Mein Knoten war wohl nicht fest genug", meint er. „Na, dann los, fangen wir sie wieder ein."

Doch das ist gar nicht so einfach. Finja und Martin jagen die gepunktete Stute kreuz und quer über Tante Riekes Hof. Immer wenn sie das Halfter beinahe greifen können, trabt Rosina ein Stück weiter.

Schließlich bleibt Finja erschöpft stehen. „Wir brauchen Futter", keucht sie. „Damit lässt sie sich bestimmt locken." Sie holt ein Bund Möhren aus der Küche.

„Rosina ist zum See gelaufen!", ruft Martin, als sie wiederkommt.

Die beiden rennen durchs Schilf.

Auf einmal bleibt Finja stehen. „Da!",
flüstert sie und zeigt zur Badestelle.

Dort steht Rosina. Und vor ihr liegt
Sanne auf einem Handtuch. Sie hat
den MP3-Player im Ohr und schläft.

Die Stute schnüffelt an der grün-weißen
Paste auf Sannes Rücken herum. Dann
beginnt sie, vorsichtig daran zu lecken.

Sanne rührt sich ein wenig. „Martin?",
fragt sie schläfrig. Rosina schnauft und
macht einen Schritt zur Seite. Doch als
Sanne sich nicht rührt, schleckt sie weiter.

„Tut mir leid wegen vorhin", murmelt
Sanne nach einer Weile.

„Pfrr", schnauft Rosina.

Finja und Martin halten sich aneinander
fest, um nicht laut loszulachen.

„Rosina versöhnt mich mit Sanne und ich
brauche gar nichts zu tun", sagt Martin
kichernd. „Hoffentlich merkt sie nichts."

„Sonst ist sie bis ans Ende der Ferien
sauer auf uns", flüstert Finja. Sie blickt sich
um. „Gib mir mal den Stock da."

Vorsichtig zieht Martin einen langen Ast
aus dem Schilf. Finja knotet die Möhren mit
dem Grünzeug daran fest. Dann hebt sie
den Ast über das Schilf, bis das Bündel
direkt über Sannes Rücken baumelt.
Langsam schwenkt sie es hin und her.

Rosina hebt den Kopf.

„Hoffentlich mag sie Möhren lieber als Quark", murmelt Martin.

Rosina schnuppert an den Möhren und Finja zieht den Stock ein Stück zurück. Rosina tappt hinterher.

„Es klappt." Während Finja Rosina Schritt für Schritt von Sanne wegführt, setzt Martin sich leise neben seine Freundin.

Zum Mittagessen kommen die beiden Händchen haltend vom See herauf.

„Wieder versöhnt?", fragt Tante Rieke und stellt eine Schüssel auf den Tisch.

Sanne schiebt ihren Teller zur Seite. „Nicht schon wieder Quark", stöhnt sie.

„Hmm, lecker." Martin häuft sich einen großen weißen Berg auf die Kartoffeln. „Ich kann gar nicht genug davon kriegen", meint er und grinst.

Sanne kuschelt sich an ihn. „Wollen wir nachher Tretboot fahren?", fragt sie.

„Gern", antwortet Martin. „Aber vorher muss ich unbedingt im Dorf eine Tüte Möhren kaufen." Er zwinkert Finja zu. „Schließlich habe ich noch etwas gut zumachen bei Rosina."

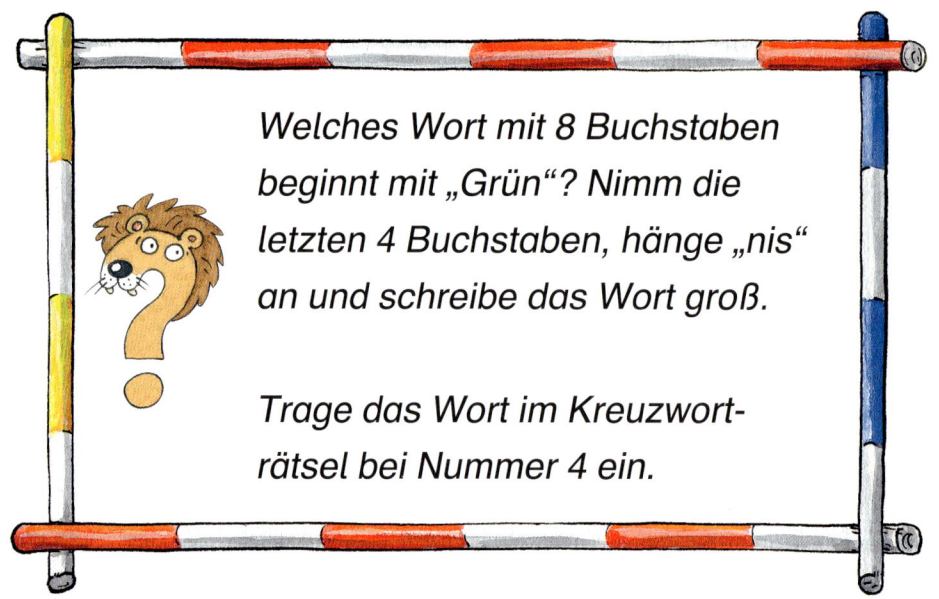

Welches Wort mit 8 Buchstaben beginnt mit „Grün"? Nimm die letzten 4 Buchstaben, hänge „nis" an und schreibe das Wort groß.

Trage das Wort im Kreuzwort- rätsel bei Nummer 4 ein.

Adlerfeder und Weiße Blume

Vor langer Zeit, als es noch wilde Pferde gab, lebten die Indianer vom Stamm der Falken am Rande der Prärie.

„Alle Jungen haben Pferde", sagte Adlerfeder eines Tages zu ihrem Vater, Häuptling Großer Bär. „Ich möchte hinaus in die Prärie und mir auch eins fangen."

Großer Bär schüttelte den Kopf. „Das ist viel zu gefährlich für dich. Was, wenn dich die Krähen-Indianer erwischen?" Der Häuptling schwang sich auf seinen Schecken. „Außerdem sind Pferde nichts für Mädchen."

Missmutig sah Adlerfeder zu, wie ihr Vater zur Jagd aufbrach. Flinker Büffel und Schneehase, ihre Brüder, durften mit ihm reiten.

„Na wartet!", dachte Adlerfeder wütend. Sie schnappte sich ein Lasso und schlich auf leisen Sohlen aus dem Dorf.

Lange streifte Adlerfeder durch die Prärie. Die Sonne stand schon tief, als sie in der Ferne endlich grasende Pferde sah. Eine weiße Stute stand am Rand der Herde. Ihre Mähne schimmerte wie Seide.

„Die möchte ich haben", dachte Adlerfeder und schlich gegen den Wind
näher. Kraftvoll schwang sie ihr Lasso.
Zischend flog die Schlinge durch die Luft
und legte sich um den Hals des Pferdes.
Adlerfeder ging langsam auf die Stute zu
und sprach ruhig auf sie ein. Dann
schwang sie sich mit einem Satz auf den
Pferderücken und klammerte ihre Beine
um den Pferdeleib.

Freundlich schnaubend blieb das Pferd
stehen. Nanu! Warum bockte es nicht und
sprang wild umher?

„Egal!" Adlerfeder war erleichtert. Sie hatte sie, die schöne weiße Stute.

Geschickt knotete Adlerfeder ein Halfter aus ihrem Lasso. „Jetzt schnell ins Dorf", dachte sie glücklich. „Flinker Büffel und Schneehase werden staunen!"

Doch viel zu schnell zog die Nacht herauf und das Falkenmädchen fand den Weg nicht mehr. Von den Hügeln heulten Kojoten und unheimliche Geräusche erfüllten die Nacht. Voller Furcht starrte Adlerfeder in die Dunkelheit.

Da hob die Stute den Kopf und lauschte.

„Weißt du den Weg?", fragte Adlerfeder und ließ die Zügel locker. Das Pferd trabte an. Erst langsam, dann immer schneller lief es durch die Nacht. Adlerfeder schmiegte ihren Kopf an die Mähne der Stute und schloss die Augen.

Plötzlich hörte sie Trommeln. Das Falkenmädchen richtete sich auf. Ja, sie näherten sich dem Dorf. Schon sah sie den Schein des Lagerfeuers.

„Du Wunderpferd", flüsterte sie und streichelte den Hals der Stute.

Als Adlerfeder aber sah, was für Männer dort um das Feuer saßen, begann ihr Herz wild zu hämmern. Es waren Krähen, die ärgsten Feinde der Falken. Das weiße Pferd hatte sie ins falsche Dorf gebracht!

Vor einem Krieger mit prächtigem Feder-schmuck blieb die Stute stehen.

„Das muss Schwarzhand sein, der Häuptling", dachte Adlerfeder und rutschte vom Pferderücken. „Ich wollte nur d—das Pferd ...", stammelte sie.

Schwarzhand stand auf. „Bist du nicht die Tochter des Großen Bären?"

„Ja", flüsterte Adlerfeder.

„Falken und Krähen sind Feinde seit langen Zeiten", dröhnte Schwarzhands Stimme und seine Krieger murmelten zustimmend.

Ängstlich drängte Adlerfeder sich an den Pferdeleib.

Der Häuptling strich über die Mähne der Stute. „Doch du, Mädchen vom Stamm der Falken, bringst mir mein Pferd zurück. Vor zwei Monden scheute Weiße Blume vor einer Klapperschlange und lief davon."

„Dein Pferd?" Auf einmal begriff Adlerfeder. Deshalb hatte die Stute sie nicht
abgeworfen. Sie war zahm!

Der Häuptling breitete seine Arme aus.
„Brüder und Schwestern! Mutig und
großherzig wie eine von uns ist die kleine
Kriegerin der Falken. Lasst uns deshalb
Frieden schließen mit ihr und ihrem
Stamm!"

Adlerfeder staunte.

Am nächsten Morgen brachten die Krähen Adlerfeder zurück in ihr Dorf. Häuptling Großer Bär und Häuptling Schwarzhand begruben das Kriegsbeil.

„Kleine Schwester, du hast das Herz eines Adlers", sagten Flinker Büffel und Schneehase bewundernd.

Dass Adlerfeder nur durch Zufall in das Dorf der Krähen geritten war, behielt sie lieber für sich. Und schon bald fing sie sich ein neues Pferd. Häuptling Großer Bär hatte nichts mehr dagegen, dass auch Mädchen ein eigenes Pferd haben.

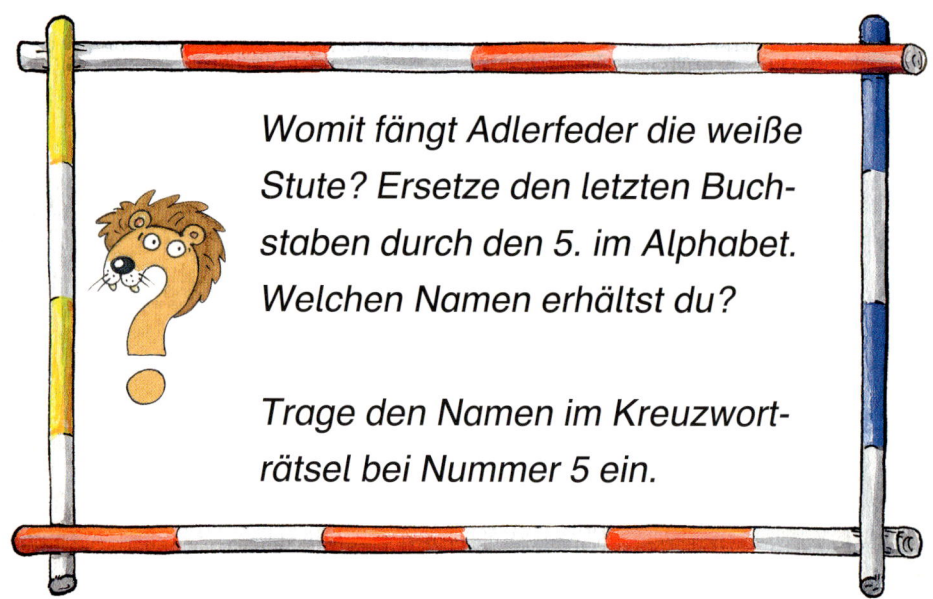

Womit fängt Adlerfeder die weiße Stute? Ersetze den letzten Buchstaben durch den 5. im Alphabet. Welchen Namen erhältst du?

Trage den Namen im Kreuzworträtsel bei Nummer 5 ein.

Rettung für Moritz

Leonie steht mit Bauer Marcks an der Weide des Reiterhofes. Es riecht nach Pferden, Heu und dem salzigen Wasser der Ostsee. Drei Wochen Reiterferien!

„Bestimmt wird es genauso schön wie letztes Jahr", denkt Leonie glücklich.

„Dieses Mal kannst du auf Rapallo reiten, das ist unser neuer Isländer dort hinten", sagt der Bauer.

„Warum nicht auf Moritz?", fragt Leonie und deutet auf einen Grauschimmel, der den Kopf aus dem Stall reckt. Auf ihm hat sie letztes Jahr reiten gelernt.

„Moritz lahmt seit dem Winter. Er darf nicht mehr geritten werden", sagt der Bauer.

„Oh", sagt Leonie. „Der arme Moritz."

Am nächsten Morgen ist Leonie schon ganz früh wach. Sie zieht sich an und läuft nach draußen. Die Pferde grasen vor dem Stall. Nur Moritz steht in seiner Box und schaut zu ihr hinüber. Leonie holt eine Handvoll Hafer und füttert den grauen Wallach. Sanft streicht sie ihm über die struppige Mähne.

Nebenan mistet Bauer Marcks die Abfohlbox aus. „Unser alter Moritz hat Langeweile", sagt er.

Leonie denkt kurz nach. Reitunterricht ist erst um zehn. „Ich kann ihn ein wenig herumführen", sagt sie.

„Gern." Der Bauer nickt.

Leonie holt ein Halfter aus der Sattelkammer und führt Moritz an den Koppeln vorbei zum Meer hinunter.

Der Strand ist noch ganz menschenleer. Kleine Wellen schwappen ans Ufer. Leonie schlüpft aus ihren Schuhen und watet mit Moritz durchs Wasser. Ein Schwarm winziger Fische flitzt davon. Erst beim alten Leuchtturm drehen sie um.

Der graue Wallach reibt seinen Kopf an Leonies Schulter.

„Heißt das, dir gefällt es auch?" Leonie lacht. „Jetzt müssen wir aber schnell zurück, ich komme zu spät zur Reitstunde."

In den Dünen kommt ihnen eine Reiterin entgegen. Es ist Sandra, die schon allein ausreiten darf.

„Warum gehst du zu Fuß – traust du dich nicht zu reiten?", spottet Sandra und trabt auf Motte dicht an Leonie vorbei.

„Spinnst du? Moritz ist krank", sagt Leonie ärgerlich.

„Spar dir die Mühe!", ruft Sandra ihr über die Schulter zu. „Er kommt eh bald weg."

„Wohin denn?", ruft Leonie, aber Sandra antwortet nicht mehr.

Schnell läuft Leonie mit Moritz zum Reiterhof zurück.

Bauer Marcks und der Tierarzt stehen in der Box von Stiefelchen. Die Shettystute bekommt bald ihr Fohlen.

„Stimmt es, dass Moritz weg soll?", unterbricht Leonie das Gespräch der beiden Männer.

Der Bauer schiebt die Mütze in den Nacken. „Moritz war mal unser bestes Anfängerpferd. Nun steht er nur noch rum."

Leonie blickt den Doktor an. „Können Sie denn nichts tun?"

Doktor Bock schüttelt den Kopf. „Keine Medizin hat geholfen. Und Moritz müsste jeden Tag bewegt werden, sonst werden seine Gelenke steif."

„Meine Frau und ich haben dazu keine Zeit." Der Bauer seufzt. „Und wer kauft schon ein lahmes Pferd?"

„Soll er etwa zum Schlachter?", ruft Leonie außer sich. „Ich kümmere mich um Moritz. Sie dürfen ihn nicht weggeben!"

Als Leonie den Grauschimmel in die Box bringt, ist die Reitstunde längst vorbei.

„Was hast du heute Morgen gemacht?", fragen Mira und Johanna beim Essen.

Leonie erzählt.

„Wir helfen dir", sagt Mira.

So oft wie möglich gehen die drei nun mit Moritz ans Meer. Abwechselnd führen sie ihn durchs flache Wasser. Bald kommen auch andere Ferienkinder mit. Sogar Sandra ist manchmal dabei und Bauer Marcks. Er macht Lagerfeuer und brät Würstchen für alle.

„Passt auf, dass Moritz keine Schwimm-häute bekommt", meint er schmunzelnd.

Leonie grinst. „Hauptsache, er wird wieder gesund!"

An Leonies letztem Ferientag streckt plötzlich Sandra den Kopf ins Zimmer. „Du sollst in den Stall kommen!", ruft sie. „Der Tierarzt ist bei Moritz."

Leonie rast in den Stall. „Was ist?", ruft sie aufgeregt.

Doktor Bock und der Bauer knien neben dem grauen Wallach. Der Arzt betastet Moritz' rechtes Vorderbein.

„Unglaublich!", ruft er. „Die Gelenke sind abgeschwollen. In so kurzer Zeit."

„Wahnsinn!" Leonies Herz hüpft vor Freude. „Wir sind auch jeden Tag mit Moritz spazieren gegangen", sagt sie. „Er ist so gern am Strand."

Doktor Bock nickt. „Vielleicht hat das Salzwasser die Krankheit gebessert. Trotzdem: Geritten werden darf Moritz nicht mehr. Seine Beine sind zu schwach."

„Heißt das, dass Moritz wegkommt?" Leonies Stimme zittert.

„Nein", sagt Bauer Marcks. „Die Spaziergänge mit Moritz machen allen Kindern Spaß. Meine Frau und ich haben beschlossen, dass Moritz bei uns bleibt."

Leonie umarmt den Bauern und dann umarmt sie Moritz. „Nächstes Jahr komme ich wieder", flüstert sie in das graue Pferdeohr. „Das verspreche ich dir."

Wie heißt das Meer, an dem der Reiterhof liegt?

Trage die Antwort im Kreuzworträtsel bei Nummer 6 ein.

Heike Wiechmann wuchs in Travemünde auf. Nach einem Studium der Pädagogik und lllustration arbeitete  sie als Spielzeugdesignerin und reiste dabei um die halbe Welt. Heute schreibt und illustriert sie Kinderbücher, zeichnet Cartoons und lebt mit Mann, zwei Kindern und vielen Tieren in der Nähe der Ostsee. Mehr über Heike Wiechmann findet ihr auf ihrer Homepage www.wiechmann-illustration.de.

Knacke das Rätsel!

Sammle von Geschichte zu Geschichte die Antworten zu den Fragen und trage sie hier ins Kreuzworträtsel ein. Das Lösungswort verrät dir, wie man ein bekanntes Fellmuster bei Pferden nennt.

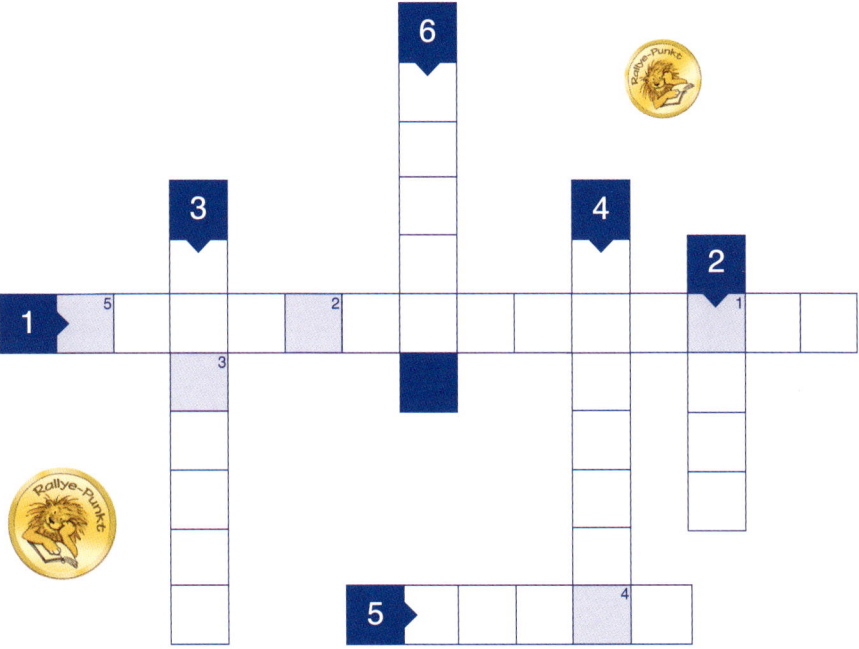

Das Lösungswort heißt:

1	2	3	4	5	6

Lesen, rätseln, Punkte sammeln!

Schau einfach mal rein unter www.leseleiter.de: Dort kannst du mit den Lösungswörtern aus den Lese-Rallye-Büchern wertvolle Punkte sammeln und sie gegen tolle Leseleiter-Prämien eintauschen. Viel Spaß!